NHK × 요시타케 신스케

과학의 관점

편집 NHK 「과학의 관점」 제작진
그림 요시타케 신스케

1 관찰하기

나만의 '의문'을 찾아내자!

YUNA

차례

이 책을 보는 방법……4

관점 1 잘라서 보기……6

- **관찰 1** 세 가지 공을 잘라 관찰해 보아요
- **관찰 2** 공 속의 비밀을 알아볼까요?

관점 2 아래에서 보기……12

- **관찰 1** 달팽이를 아래에서 관찰해 보아요
- **관찰 2** 물결무늬의 비밀을 알아볼까요?

관점 3 크게 보기……18

- **관찰 1** 다양한 생물의 다리를 확대해 보아요
- **관찰 2** 도마뱀 발바닥의 비밀을 알아볼까요?

  에 대해 더 알아보아요……24

관점 4 속 살펴보기 ……26

관찰 1 딸기 속을 살펴보아요
관찰 2 하얀 선이 무엇인지 알아볼까요?

관점 5 늘어놓아보기 ……32

관찰 1 자전거를 늘어놓아보아요
관찰 2 핸들 축이 기울어진 이유를 알아볼까요?

관점 6 말로 표현해보기 ……38

관찰 1 브로콜리를 보고 말로 표현해 보아요
관찰 2 브로콜리 알갱이의 비밀을 알아볼까요?

   에 대해 더 알아보아요……44

이 책을 보는 방법

이 책은 '과학의 관점'으로 찾아낸 여러 가지 '의문'을 관찰하며 알아가는 방법을 소개합니다.
요시타케 신스케가 그린 귀여운 친구들과 함께 나만의 '의문'을 찾아보세요.

스텝 1

'과학의 관점'을 확인해요!

주변에 있는 물건을 '과학의 관점'으로 살피면 어떤 '의문'을 찾을 수 있는지 보여줍니다.
'의문'을 발견하는 방법을 알아보세요.

이 책에는 여섯 가지 '과학의 관점'이 나옵니다!

다양한 '의문'을 발견할 수 있습니다!   관찰하면 무엇이 어떻게 보일지 미리 생각해 보세요.

스텝 2

관찰하여 '의문'을 발견해요!

찾아낸 '의문'을 더욱더 자세히 알아가는 방법을 소개합니다.
또 어떤 '의문'이 생길까요?

요시타케 신스케의 캐릭터와 함께 찾아보세요.   이 책에서 자세히 살펴볼 '의문'입니다!
다음 페이지에서 이 '의문'에 대해 자세히 알아보아요.

※ '관찰'은 사물이나 현상을 자세히 살펴보는 일이에요.
※ '의문'은 여러분의 마음에 이상하게 느껴지고 알고 싶은 것이에요. 이 의문이 바로 과학 탐구의 시작이랍니다.

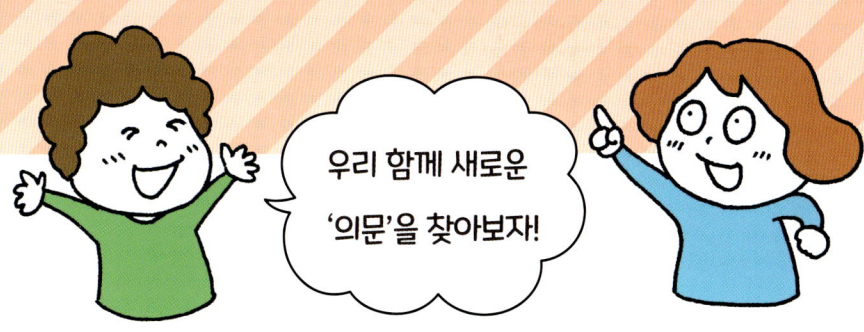

우리 함께 새로운 '의문'을 찾아보자!

'의문'에 대해 더 많이 알아보아요!

앞에서 찾은 '의문'을 더욱 자세히 알아보아요.

아직 더 많은 '의문'을 찾아낼 수 있습니다!
더 알아보고 싶은 '의문'이 있으면 자세히 관찰하거나 책에서 조사해 보세요.

더 많은 '의문'을 찾아보세요!

이 책에서 알아본 '과학의 관점'을 이용하면 더 흥미로울 것의 예시를 들고 있습니다. 어떤 '의문'을 발견할지는 이 책을 읽고 있는 여러분에게 달려있습니다. 우리 함께 도전해볼까요?

'의문'을 찾으러 떠나요! 관점  로 우리 함께 출발!

관점 1 잘라서 보기

여러 가지 채소와 과일을 잘라서 단면을 관찰해 볼까요?

단면이 비슷한 것도 있네~

의문!
겉과 속의 색깔이 같은 것도 있고 다른 것도 있어요! 왜일까요?

의문!
씨가 들어 있는 곳이 다섯 개로 나눠진 것이 많아요! 왜일까요?

의문!
단면 모양은 꽃 모양과 관계가 있을까요?

다른 것도 잘라서 보면 뭔가 '의문'을 찾을 수 있을까요?

관찰 1 : 세 가지 공을 잘라 관찰해 보아요

주변에서 흔히 볼 수 있는 물건을 잘라 살펴볼까요?
단단한 경식 야구공, 말랑한 연식 야구공, 소프트볼 이렇게 3개를 잘라보아요.
모두 비슷하게 생겼는데, 자른 면의 모습은 어떨까요?

경식 야구공

연식 야구공

소프트볼

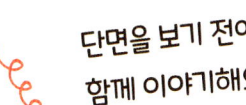
단면을 보기 전에 함께 이야기해요

연식 야구공은 바닥에 던지면 잘 튀어 오르니까, 속에 고무가 있을 것 같아.

야구공에 공기를 넣어서 부풀리는 것은 본 적이 없으니, 공기는 들어 있지 않을 거야!

소프트볼과 경식 야구공은 단단하잖아. 속에 뭔가 꽉 차 있는 느낌이라고 할까?

연식 야구공과 소프트볼은 겉모습이 아주 비슷하게 생겼어. 단면도 비슷하지 않을까?

*경식 야구공 : 야구 경기를 할 때 쓰는 보통의 야구공입니다. 단단해서 맞으면 무척 아파요.
*연식 야구공 : 어린이들이 야구 연습을 할 때 쓰는 말랑한 공이에요.
*소프트볼 : 야구와 비슷한 소프트볼이라는 경기를 할 때 쓰는 공으로, 야구공보다 크기가 큽니다.

세 가지 공의 단면을 관찰해 볼까요?

세 종류의 공을 잘라 단면을 나란히 놓고 비교해 보았습니다.
어떤 의문을 찾을 수 있을까요?

| 경식 야구공 | 연식 야구공 | 소프트볼 |

다 같은 공인데 왜 이렇게 다르지?

무엇이든 자를 수 있는 전기톱으로 잘랐습니다

관점 1 잘라서 보기

의문 1 경식 야구공은 여러 개의 층으로 되어 있네?

경식 야구공의 표면은 얇은 껍질로 되어있고, 속은 꽉 차 있습니다. 또, 그 속은 여러 개의 층으로 구성되어 있어요. 이 층의 순서에도 뭔가 비밀이 있을까요?

의문 2 코르크와 고무를 감싸고 있는 푹신푹신한 소재는 뭘까?

경식 야구공의 층을 잘 살펴보면 중심은 코르크로 되어 있고, 그 바깥쪽은 두 가지 색 고무로 되어 있습니다. 그리고 그 바깥쪽은 실로 감겨 있어서 푹신푹신합니다. 이 층이 야구공이 날아가는 방식과 뭔가 관계가 있을까요?

의문 3 연식 야구공은 속이 비어 있네?

경식 야구공과는 다르게 연식 야구공에는 아무것도 들어 있지 않습니다. 표면은 흰색, 안쪽은 검은색 고무로 된 두 개의 층으로 되어 있어요. 속이 비어있다는 것은 공기가 들어가 있다는 것이겠지요? 그렇다면 어디로 공기를 넣을까요?

의문 4 소프트볼에는 코르크가 꽉 차 있네?

소프트볼은 연식 야구공을 크게 만든 모양으로 겉에서 보기에는 똑같아 보입니다. 연식 야구공처럼 속이 비어있을 것이라고 생각했는데, 코르크로 꽉 차 있었습니다. 왜일까요?

 **다 같은 공인데 속이 전부 달라요! 왜일까요?**

관찰 2 : 공 속의 비밀을 알아볼까요?

다른 공들도 모두 속이 다르게 생겼을까요?
다양한 공의 단면을 관찰하면 더 많은 의문을 찾을 수 있을까요?

스텝 1 : 학교에서 자주 사용하는 공을 잘라 볼까요?
우리에게 익숙한 공을 잘라 단면을 조사해 보아요.

| 테니스공 | 배구공 | 축구공 | 탁구공 |

의문! 세 가지 공은 안쪽이 검은색이에요.

잘라 본 공은 속이 전부 비어있어요. 탁구공을 뺀 나머지 세 가지 공은 안쪽이 검은색입니다. 이 검은색에 뭔가 비밀이 숨겨져 있을까요?

이 검은색 부분은 뭐지?

스텝 2 | 골프공을 잘라 볼까요?

단단한 골프공은 떨어뜨리면 '콩' 소리가 나요. 속은 어떻게 되어 있을까요?

여러 가지 골프공을 모두 잘라 보아요.

앗!? 속이 전부 다르네요!

의문! 속 모양이 전부 달라요!

골프공 속은 색도 모양도 전부 가지각색입니다.
같은 골프공인데 왜 그럴까요?
날아가는 방식도 다를까요?

스텝 3 | 볼링공을 잘라 볼까요?

무겁고 단단한 볼링공을 잘라 단면을 살펴보아요. 속에 무엇이 들어 있을까요?

바깥쪽은 매끈매끈하고, 손가락을 넣는 구멍이 3개 있어요.

앗? 뭔가 특이한 모양이네요.

의문! 회색과 연두색 부분은 뭘까요?

바깥쪽부터 검은색, 흰색, 그 안쪽에 특이한 모양의 회색 부분이 있습니다. 바깥쪽에서 회색 부분까지 이어져 있는 연두색의 가늘고 긴 것은 무엇일까요?

 새로운 의문 & 아직 풀리지 않은 의문

자른 단면을 관찰하며 찾아낸 의문을 풀어가다 보면, 또다시 새로운 의문을 발견하게 됩니다.
분명 여러 가지 의문이 있을 거예요. 한 번 찾아볼까요?

- 연식 야구공 속에 들어 있는 공기는 빠지지 않나요?
- 소프트볼 공에는 왜 고무가 들어있지 않을까요?
- 골프공 속은 왜 여러 가지 색일까요?
- 공 속의 모양은 공이 날아가는 방식과 관계가 있을까요?

다른 다양한 것의 단면을 관찰해보아요. 24페이지에서 더 알아보세요!

관찰 1 달팽이를 아래에서 관찰해 보아요

우리에게 친숙한 것을 아래에서 관찰해 보아요.
소용돌이같이 생긴 '껍데기'를 등에 지고 다니는 달팽이를 밑에서 자세히 살펴볼까요?

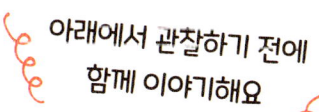
아래에서 관찰하기 전에 함께 이야기해요

달팽이는 다리가 없는 것 같아 보이지만, 아래에서 살펴보면 다리가 있을지도 몰라!

달팽이는 어떻게 움직일 수 있을까? 배에 빨판 같은 것이 있나?

달팽이 입은 어디에 있지? 얼굴 아래쪽에 숨겨져 있나? 얼굴을 자세히 보고 싶어.

껍데기는 땅에 닿아있을까? 아니면 전부 등위에 올라가 있을까?

달팽이를 아래에서 관찰해 볼까요?

달팽이를 투명한 판에 올려놓고 밑에서 관찰해 보았습니다.
머리부터 꼬리까지 자세히 살펴보세요. 무엇을 알 수 있을까요?

달팽아~ 아래 좀 보여줘~

투명한 상자에 넣어서 관찰해보아요

의문 1. 배에 빨판이나 다리는 없을까?

달팽이 배에 빨판 같은 것은 안 보여요.
벌레나 새와 같은 다리도 없어요.
그런데도 천천히 앞으로 움직여요!
도대체 어떻게 움직이는 것일까요?

의문 2. 껍데기 아래에 보이는 구멍은 무엇일까?

껍데기를 아래에서 관찰하면, 껍질의 부드러워 보이는 부분에 작은 구멍 같은 것이 보여요.
살펴보면 열렸다 닫혔다 합니다.
도대체 이 구멍은 무엇일까요?

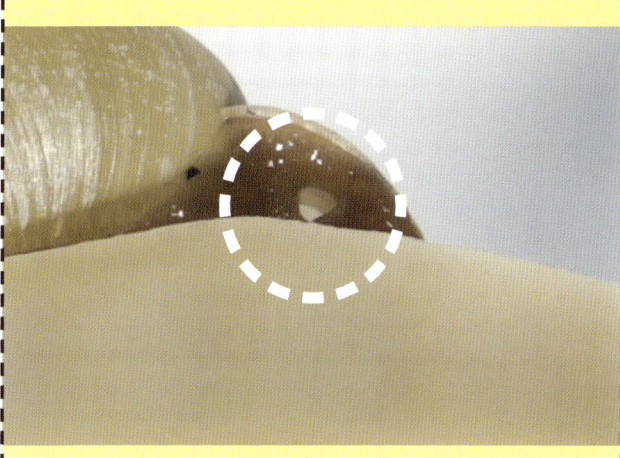

의문 3. 지나간 곳에 남는 끈적한 액체는 무엇일까?

달팽이가 지나간 흔적을 살펴보면 투명한 것이 묻어있습니다. 만져보면 끈적끈적해요.
이 액체는 무엇일까요? 달팽이 몸에서 나온 것 같은데, 도대체 어디에서 나온 것일까요?

끈적끈적한 액체

의문 4. 왜 움직이면 배에 물결무늬가 생길까?

달팽이가 움직이는 모습을 관찰하면,
배에 물결무늬가 생기는 것을 알 수 있습니다.
물결이 에스컬레이터처럼 밑에서 위로 움직여요.
물결무늬 방향은 앞으로 진행하는 방향과 같아요.
도대체 왜 그럴까요?

움직이는 방향   물결 방향

의문 4가지 궁금해 달팽이 배에 **물결처럼 보이는 것**은 도대체 무엇일까요?

관찰 2 | 물결무늬의 비밀을 알아볼까요?

앞 페이지의 의문 ❹를 자세히 알아보아요.
달팽이와 닮은 생물을 관찰하고, 배를 자세히 살펴볼까요?

방석고둥의 배는 어떨까요?

방석고둥은 바다에 살지만, 껍데기가 나선형으로 되어 있어서 달팽이랑 비슷해요.

달팽이와는 다르게 몸통이 보이지 않아요. 숨어있는 걸까요?

← 경계선

잘 살펴보면 배 가운데에 희미한 경계선이 보여요.

의문! 몸통이 두 개로 나뉘어 있어요.

달팽이와는 달리 방석고둥은 몸통이 중간에서 좌우로 나뉘어 있습니다. 배의 물결무늬는 잘 보이지 않아요!

군부의 배는 어떨까요?

바닷가 바위에서 자주 볼 수 있는 군부는 몸통이 길쭉한 조개류예요.

바위에 딱 붙어 있어요. 몸통은 어디일까요?

움직이는 방향 / 물결 방향

아래에서 보면 위쪽의 단단한 껍데기 부분이 전혀 보이지 않아요!

의문! 배의 물결무늬가 움직이는 방향과 반대예요.

군부의 배에도 달팽이처럼 물결무늬가 있지만, 물결무늬의 방향은 달팽이와 반대로 위에서 아래로 향해요. 움직이는 방향은 같은데 왜 그럴까요?

관점 2 아래에서 보기

스텝 3 소라의 배는 어떨까요?

소라는 크기가 10㎝ 정도로 큰 것도 있습니다. 소라가 움직이는 것을 아래에서 관찰해보아요. 다른 조개 종류와 무엇이 다른지 찾을 수 있을까요?

소라는 바닷가 바위에 붙어서 살아요.

 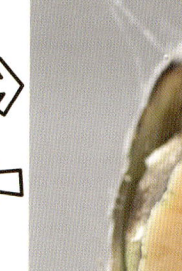 

몸통이 두 개로 나뉘어 있어서, 오른쪽과 왼쪽을 번갈아 움직여서 앞으로 나아가요.

의문!
두 개의 몸통을 번갈아 움직여요.

소라의 몸통은 두 개로 나뉘어 있어서 마치 다리로 걷는 것처럼 오른쪽과 왼쪽이 번갈아 앞으로 움직이며 나아갑니다.

소라야! 이렇게 움직이는 거야?

 **새로운 의문** & **아직 풀리지 않은 의문**

아래에서 관찰하며 찾아낸 의문을 풀어가다 보면, 또다시 새로운 의문을 발견하게 됩니다.
분명 여러 가지 의문이 있을 거예요. 한 번 찾아볼까요?

● 달팽이와 군부는 왜 물결무늬가 반대 방향으로 생길까요?

● 단단한 껍데기 속 몸통은 어떻게 생겼을까요?   ● 달팽이 껍데기에 있는 구멍은 무엇일까요?

다른 다양한 것을 아래에서 관찰해보아요. **25페이지**에서 더 알아보세요!

관점 3 크게 보기

책의 파란색 부분을 확대해 볼까요?

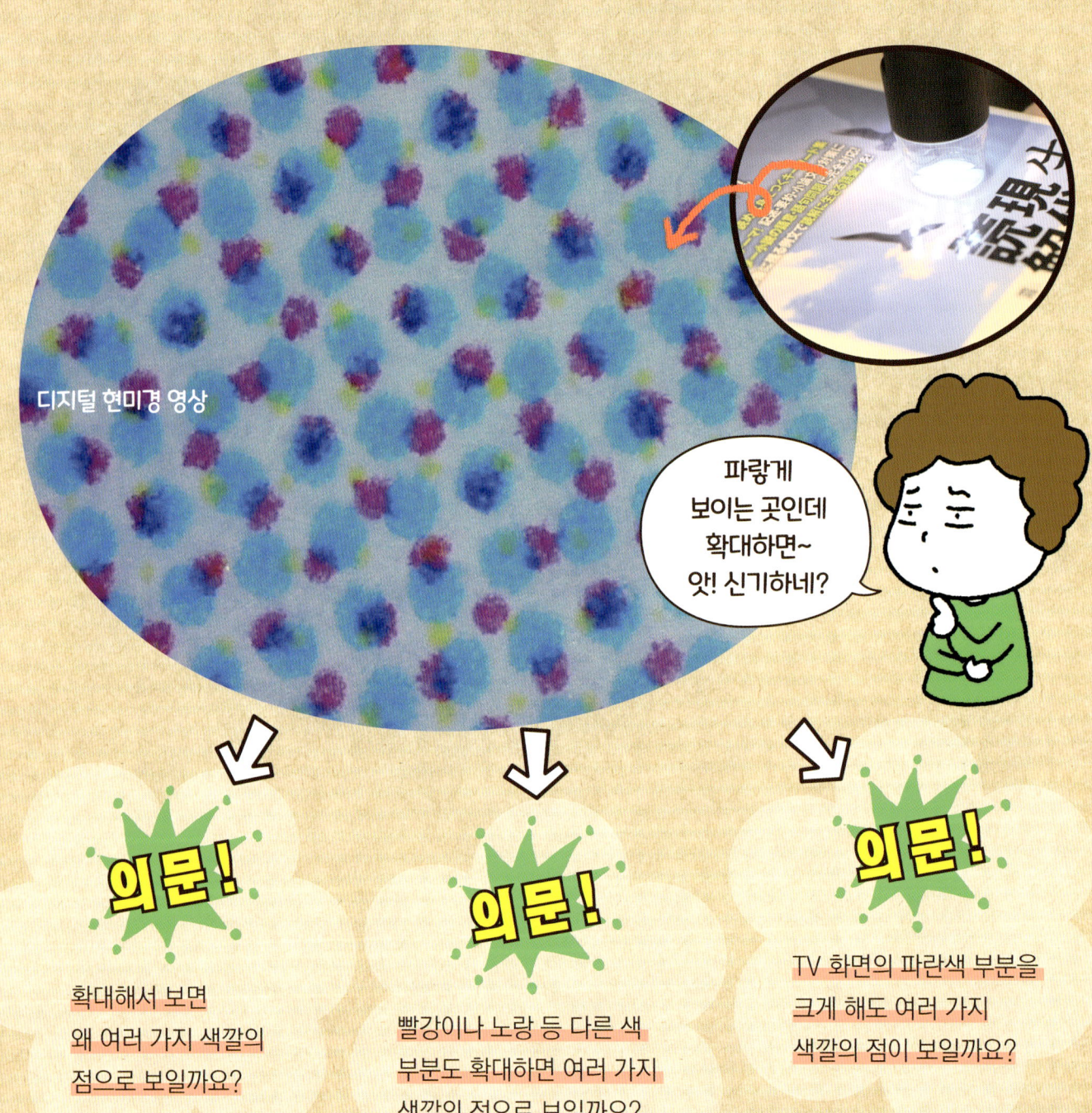

디지털 현미경 영상

파랗게 보이는 곳인데 확대하면~ 앗! 신기하네?

의문! 확대해서 보면 왜 여러 가지 색깔의 점으로 보일까요?

의문! 빨강이나 노랑 등 다른 색 부분도 확대하면 여러 가지 색깔의 점으로 보일까요?

의문! TV 화면의 파란색 부분을 크게 해도 여러 가지 색깔의 점이 보일까요?

다른 것도 크게 보면 뭔가 '의문'을 찾을 수 있을까요?

관점 3 크게 보기

관찰 1 다양한 생물의 다리를 확대해 보아요

다양한 생물의 다리를 살펴볼까요?
문어, 오징어, 개, 도마뱀 다리를 확대해 보면 어떨까요?

문어

오징어

개

도마뱀

문어와 오징어는 둘 다 다리에 빨판이 있네.
빨판에 차이가 있을까?

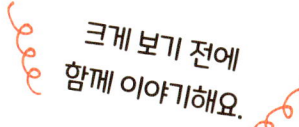
크게 보기 전에
함께 이야기해요.

개 발바닥을 만져본 적이 있는데, 눈으로 보기엔
말랑할 것 같지만 표면이 꽤 단단한 느낌이었어.

도마뱀은 벽을 타고 잘 기어 다니잖아.
발바닥에 뭔가 비밀이 있을지도 몰라!

다리를 확대해 볼까요?

문어, 오징어, 개, 도마뱀 다리를 확대해서 보았습니다.
어떤 것이 보일까요?

돋보기와 디지털 현미경을 사용해서 관찰해보아요

 **의문 1** 문어 빨판은 둥글고 평평하네?

구불구불 움직이는 문어 다리의 빨판 표면은 맨들맨들하고, 둥글고, 평평합니다. 자세히 들여다보면 가운데에 구멍이 있습니다. 이 구멍은 무엇일까요?

돋보기

디지털 현미경

 **의문 2** 오징어 다리의 빨판에는 톱니 같은 것이 있네?

오징어 다리의 빨판은 문어 빨판보다 작고 밥그릇처럼 오목한 모양입니다. 구멍 주위 테두리에 이빨처럼 보이는 작은 톱니가 있습니다. 같은 빨판이지만 문어와는 다르네요. 왜일까요?

돋보기

디지털 현미경

관점 3 크게 보기

의문 3 개 발바닥 살에 단단한 것은 뭘까?

발볼록살이라고 부르는 개 발바닥 표면에는 비늘처럼 보이는 것이 겹쳐져 있어서 거칠거칠하고 단단하게 느껴집니다. 만져보면 까슬까슬하지요. 왜 일까요?

돋보기

디지털 현미경

앗~! 맨들맨들 할 거라고 생각했는데!

내 손가락을 확대해 보면 뭐가 보일까?

의문 4 도마뱀 발바닥에는 왜 주름이 있을까?

유리 표면에 붙어있는 도마뱀 발가락을 확대해 보면 주름이 많이 있어요. 도마뱀이 벽에서 떨어지지 않고 잘 붙어있는 것은 이 주름에 비밀이 있는 것일까요?

돋보기

디지털 현미경

의문 4가 궁금해 도마뱀이 벽에 착 달라붙을 수 있는 것은 **발바닥 주름에 비밀**이 감춰져 있기 때문일까요?

 관찰 2

도마뱀 발바닥의 비밀을 알아볼까요?

앞 페이지의 의문 ❹를 자세히 알아보아요. 도마뱀 이외에도 벽을 기어다닐 수 있는 동물들이 있어요. 발바닥을 확대해서 비교해 볼까요?

스텝 1 도마뱀 발을 더 크게 해 볼까요?

발바닥을 자세히 관찰해 보아요.
발가락 하나하나에 흰색 주름이 있어요.

주름 하나하나까지 자세히 살펴보자~

발가락 다섯 개 전부 주름이 있어요.
발가락을 확대해 볼까요?

돋보기

주름이 덩어리져서 여러 개 있어요. 더 확대해 볼까요?

디지털 현미경

주름은 여러 개의 덩어리로 되어있어요. 더 확대해 볼까요?

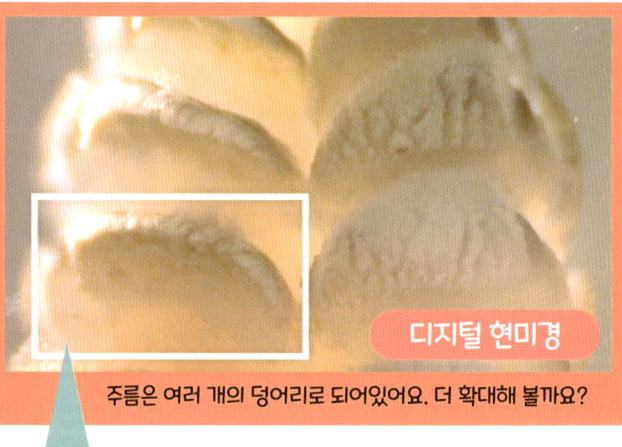

전자 현미경

울퉁불퉁해 보이는 것은 가는 털이 뭉쳐져 있는 것이었어요.

의문 ! 주름에 털이 빽빽이 있어요.

털이 많이 모여서 흰색 주름으로 보였어요.
도마뱀이 벽을 잘 타는 것은 이 털 때문일까요?

 **관점 3 크게 보기**

스텝 2 무당벌레는 어떨까요?
벽에서 떨어지지 않고 기어 다니는 무당벌레 역시 다리에 비밀이 있는 걸까요?

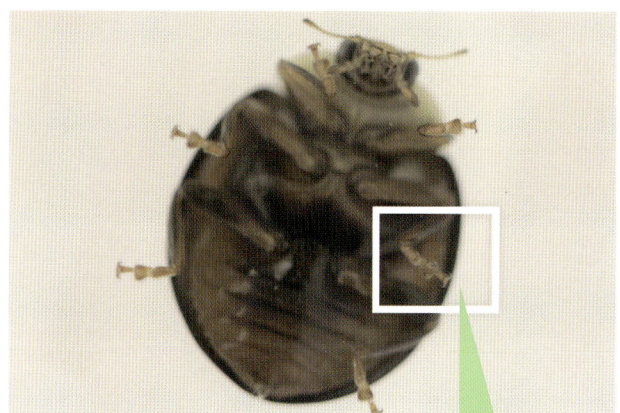
유리에 붙어있는 무당벌레 다리를 확대해 보았어요.

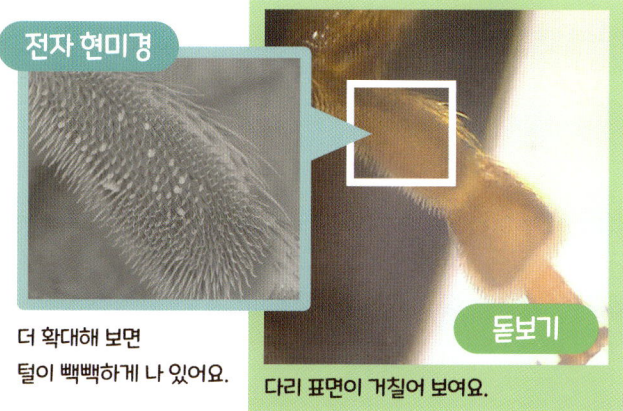
전자 현미경
더 확대해 보면 털이 빽빽하게 나 있어요.
돋보기
다리 표면이 거칠어 보여요.

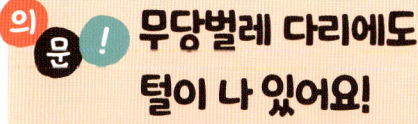
의문! 무당벌레 다리에도 털이 나 있어요!
무당벌레가 벽을 잘 기어 다니는 것도 가는 털이 빽빽하게 나 있기 때문일까요?

스텝 3 개구리는 어떨까요?
개구리도 벽을 잘 기어 다니기로 유명해요! 개구리 다리에도 털이 나 있을까요?

개구리 발바닥을 확대해 보았어요.

디지털 현미경
더 확대해도 표면이 매끈매끈해요!
돋보기
개구리 발바닥에는 주름이 없어요!

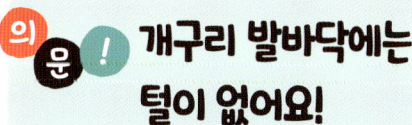
의문! 개구리 발바닥에는 털이 없어요!
개구리 발바닥에는 주름이나 털이 없어요. 개구리는 어떻게 벽을 타고 다니는 걸까요?

 **새로운 의문 & 아직 풀리지 않은 의문**

크게 확대하여 관찰하며 찾아낸 의문을 풀어가다 보면, 또다시 새로운 의문을 발견하게 됩니다.
분명 여러 가지 의문이 있을 거예요. 한 번 찾아볼까요?

● 오징어와 문어의 빨판은 무엇을 위한 것일까요?   ● 오징어와 문어의 빨판 모양은 왜 다를까요?
● 도마뱀과 무당벌레 다리털은 벽을 기어 다니는 것과 어떤 관계가 있을까요?

다른 다양한 것을 확대해서 관찰해보아요. 25페이지에서 더 알아보세요!

관점 1 관점 2 관점 3 에 대해 더 알아보아요

앞에서 알아본 세 가지 '과학의 관점'으로 보면 재미있을 것들을 소개합니다.
잘라서 단면을 관찰하고, 아래에서 관찰하고, 크게 보면 어떤 '의문'을 발견하게 될까요?

잘라서 보기

6~11 페이지

✲ 파
자른 부위에 따라 단면이 다르지 않을까요?
하얀 부분과 녹색 부분의 차이를 비교해 보아요.

✲ 골판지 상자
무거운 것을 운반할 때 쓰는 골판지 상자.
단면을 관찰하면 튼튼함의 비밀을 알 수 있을까요?

✲ 빵
다양한 빵의 단면을 관찰해 보세요.
단팥빵, 크림빵, 크루아상의
단면을 비교해 볼까요?

✲ 삼색 치약
세 가지 색이 어떻게 함께 나올 수 있을까요? 튜브의 단면을 관찰해 볼까요?

✲ 식물 줄기
다양한 식물 줄기의 단면을 관찰해 보세요.
동그란 것, 세모난 것, 네모난 것 등 다양한 모양이 있습니다.
도넛처럼 가운데 구멍이 뚫린 것도 있다는데 진짜일까요?

✲ 채소와 과일
가로, 세로, 사선 등 다양한 방법으로 잘라 볼까요?

수박을 잘라보면…

가로로 자른 것

세로로 자른 것

수박을 자르는 방법에 따라 전혀 다르게 보이네!

아래에서 보기

12~17 페이지

✹ 공벌레
다리는 어디에 어떻게 붙어 있을까요?

✹ 거북이
아래에서 보면 위에서 보았을 때와 무엇이 다를까요?

✹ 그릇
접시나 컵, 밥그릇 등 여러 가지 그릇을 아래에서 관찰해 볼까요?

✹ 수도꼭지
물이 나오는 곳은 어떻게 되어 있을까요?

✹ 배추흰나비 애벌레
다리는 있을까요?
어떻게 이동할까요?

크게 보기

18~23 페이지

✹ 비눗방울
확대하면 어떻게 보일까요?

✹ 나비 날개
예쁜 무늬를 잘 들여다보면 어떨까요?
표면에 무엇이 보일까요?

✹ 지폐
천원과 만원 지폐에서 인쇄된 글자를 찾을 수 있을까요!?

✹ TV 화면
18페이지에서 살펴본 책처럼 여러 색깔의 점으로 되어 있을까요?

✹ 벨크로 테이프
한 번 붙으면 떼기 어려운 벨크로 테이프!
확대해 보면 어떤 방식으로 붙어있는지 알 수 있을까요?

✹ 사람 피부
확대해 보면 무엇이 보일까요?

✹ 모래
전부 같은 색, 같은 모양일까요?
확대해 보면 어떨까요?

✹ 물고기 비늘
매끈매끈할 것 같지만,
확대해 보면 어떨까요?

비늘 한 장을 떼어 보아요

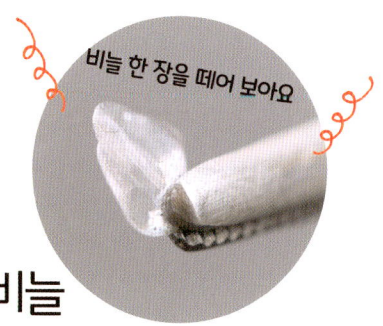

관점 4 속 살펴보기

양배추 속을 관찰해 볼까요?

가로로 자른 것

세로로 자른 것

가로로 잘랐을 때와 세로로 잘랐을 때 다르게 보이네!?

의문! 잎이 여러 겹으로 겹쳐져 있어요. 양배추는 모두 잎의 수가 같을까요?

의문! 가운데에 있는 하얗고 두꺼운 것은 무엇일까요?

의문! 양배추와 비슷한 배추나 양상추도 속이 비슷하게 생겼을까요?

다른 것도 속을 살펴보면 뭔가 '의문'을 찾을 수 있을까요?

 속 살펴보기

관찰 1 딸기 속을 살펴보아요

주변에서 흔히 볼 수 있는 것의 속을 관찰해 보아요.
새콤달콤한 딸기의 속은 어떻게 생겼을까요? 딸기를 잘라보면 어떨까요?

속을 관찰하기 전에 함께 이야기해요

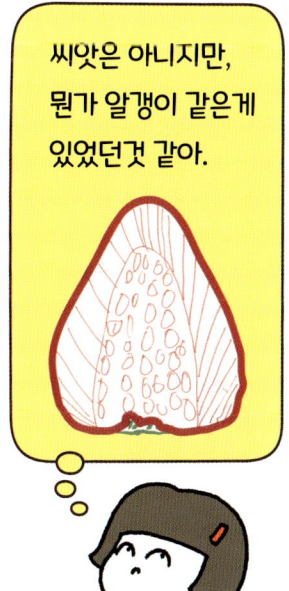

씨앗은 아니지만, 뭔가 알갱이 같은게 있었던것 같아.

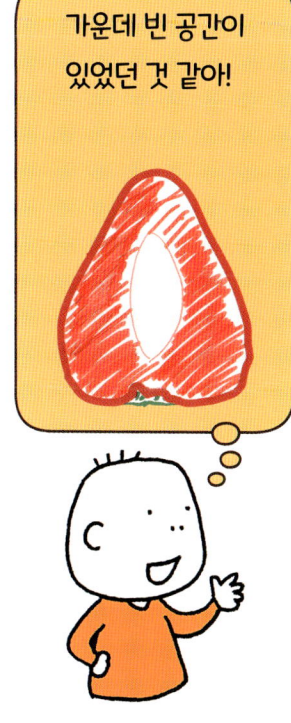

가운데 빈 공간이 있었던 것 같아!

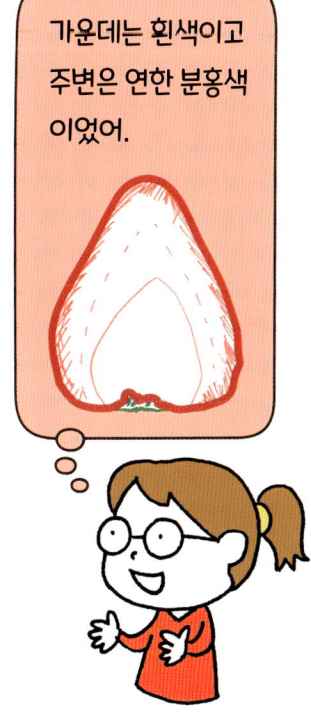

가운데는 흰색이고 주변은 연한 분홍색 이었어.

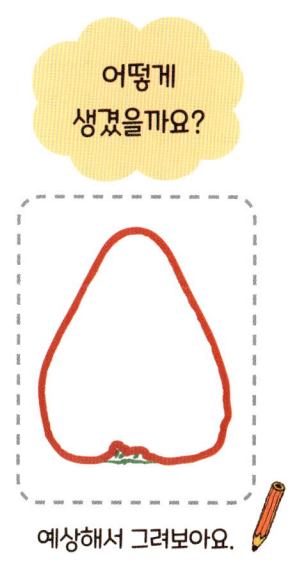

어떻게 생겼을까요?

예상해서 그려보아요.

딸기 속을 관찰해 볼까요?

딸기를 세로와 가로로 잘라서 속을 자세히 관찰해 보아요.
앞 페이지에서 예상한 것과 비교해 보세요. 어떤 의문을 찾을 수 있을까요?

세로 / 가로

의문 1 딸기 씨앗은 어디에 있을까?

세로로 잘라도, 가로로 잘라도 딸기 속에
씨앗 같은 알갱이는 없습니다.
표면에 붙어있는 알갱이가 씨앗일까요?
딸기 씨앗은 어디에 있을까요?

크기가 작은 딸기 속도 관찰해 보아요

케이크 위에 있는 딸기 속은 어떻게 생겼을까?

 속 살펴보기

 빨간 부분과 흰 부분은 왜 있을까?

딸기 속을 살펴보니 빨간 부분과 흰 부분이 있어요. 겉은 전부 빨간색인데 속에는 왜 흰 부분이 있을까요? 아직 다 익지 않은 것일까요? 다른 딸기도 전부 똑같을까요?

 속이 비어 있는 것과 아닌 것이 있네?

여러 가지 딸기 속을 살펴보면 중심이 비어 있는 것도 있습니다. 하지만 전부 그런 것은 아닌 것 같아요. 왜 속이 비어있는 것과 그렇지 않은 것이 있을까요?

 한가운데는 왜 빨간색일까?

가로로 잘라보면 가운데 흰 부분의 중심이 약간 빨갛습니다. 왜 한가운데만 빨갛게 되어 있을까요?

 겉의 알갱이를 향한 하얀 선은 무엇일까?

중앙의 흰 부분에서 바깥쪽으로 하얀 선이 향해 있습니다. 이 하얀 선이 표면의 알갱이와 연결되어 있을까요?

↗ 하얀 선

 **의문 5에 주목** **하얀 선은 표면의 알갱이와 연결되어 있을까요?**

 **관찰 2** 하얀선이 무엇인지 알아볼까요?

앞 페이지의 의문 ⑤를 자세히 알아보아요.
딸기의 하얀 선이 정말로 표면의 알갱이와 연결되어 있는지 실험으로 알아볼까요?

스텝 1 특별한 기계로 살펴볼까요?
MRI※기계를 사용하여 딸기 속을 입체적으로 살펴보아요.

딸기 한 개

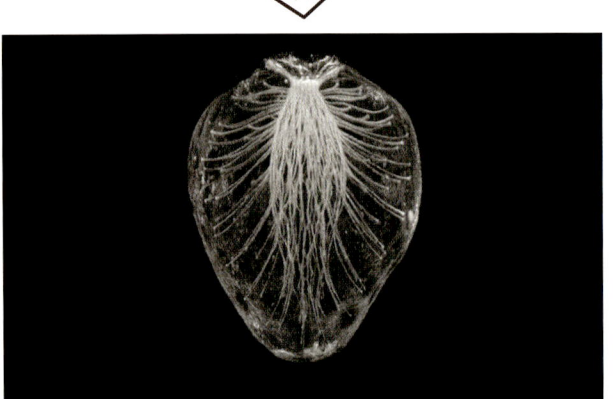
흰 선이 바깥쪽을 향해서 이어져 있고,
표면의 알갱이와 연결된 것을 알 수 있어요.

스텝 2 파란색 물을 흡수시켜볼까요?
파란 물감을 탄 물에 딸기 줄기를 담가 보아요. 뭔가 변화가 있을까요?

물에 파란색 색소를 섞어요.

딸기는 파란 물을 빨아 올릴까요?

 **하얀 선과 알갱이가 이어져 있어요.**

딸기 가운데 흰 부분에 선이 모여 있고, 그 하나하나의 가닥이 표면의 알갱이와 연결되어 있습니다. 혹시 이 하얀 선이 표면의 알갱이에 수분과 영양분을 운반하는 길일까요?

딸기가 빨대로 물을 마시고 있는 것 같아!

※MRI(Magnetic Resonance Imaging) : 자기 공명 영상 장치. 병원에서 많이 사용하는 핵자기 공명 현상을 이용한 화학 분석 장치예요.

관점 4 속 살펴보기

 1일 후

 시간경과 4일 후

하루가 지난 뒤에 딸기 속을 살펴보아요.

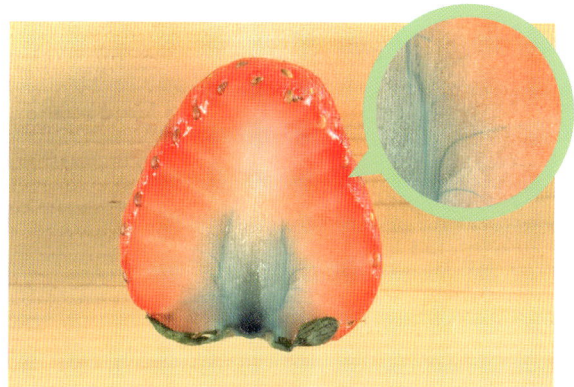

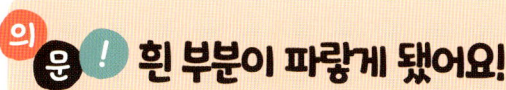
가운데 하얀 부분이 파랗게 되었어요. 선도 약간 파란색이에요!

의문! 흰 부분이 파랗게 됐어요!

파란 물이 열매까지 왔어요. 속의 하얀 선이 표면에 연결되어 있다면 표면의 알갱이도 파랗게 될까요?

4일이 지난 뒤의 딸기예요. 전체가 파랗게 되었어요.

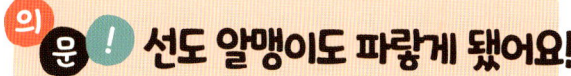
선이 전부 파랗게 되었고, 표면의 알갱이도 파랗게 되었어요.

의문! 선도 알맹이도 파랗게 됐어요!

파란 물은 하얀 선을 통해서 알갱이까지 이르렀습니다. 역시 하얀 선은 알갱이에 수분과 영양분을 운반하는 길일까요?

 새로운 의문 & 아직 풀리지 않은 의문

속을 관찰하며 찾아낸 의문을 풀어가다 보면, 또다시 새로운 의문을 발견하게 됩니다.
분명 여러 가지 의문이 있을 거예요. 한 번 찾아볼까요?

- 🔴 딸기 표면의 알갱이는 씨앗일까요? 뿌리면 싹이 날까요? 🔵 왜 가운데가 비어 있는 딸기가 있을까요?
- 🔴 빨간 부분과 흰 부분의 비율은 딸기 종류에 상관없이 모두 같을까요? 🔴 왜 가운데 부분이 하얄까요?

다른 다양한 것의 속을 관찰해보아요. 45페이지에서 더 알아보세요!

관점 5 늘어놓아보기

다양한 페트병을 나란히 늘어놓아볼까요?

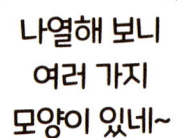

나열해 보니 여러 가지 모양이 있네~

의문!

옆면이 울퉁불퉁한 것도 있고 매끈한 것도 있어요. 왜일까요?

의문!

바닥 모양도 전부 다르네요. 왜일까요?

의문!

같은 부분은 어디일까요? 뭔가 규칙이 있을까요?

다른 것도 늘어놓아보면 뭔가 '의문'을 찾을 수 있을까요?

관찰 1   자전거를 늘어놓아보아요

주변에서 흔히 볼 수 있는 것을 나열해보아요.
따르릉따르릉 자전거! 자전거 여러 대를 나란히 놓아볼까요?

놓아 보기 전에
함께 이야기해요

자전거는 전부 똑같아 보여도 자세히 보면
조금씩 차이가 있을지도 몰라.

자전거가 어떻게 생겼는지 자세히 본 적이 한 번도
없었네. 내 자전거는 핸들이 일자 모양이야.

차이뿐만 아니라 공통점도 찾아보면 좋을 것 같아.
자전거를 여러 대 모아서 나열해보자.

자전거를 나란히 늘어놓아볼까요?

자전거 열 대를 한 줄로 나란히 늘어놓았습니다.
이렇게 보니 정말 다양한 자전거가 있네요. 무엇이 같고, 무엇이 다를까요?

 **의문 1** 다운 튜브가 한 개인 것과 두 개인 것이 있네?

핸들 축과 안장 축을 연결하는 부분인 다운 튜브의 수가 달라요. 왼쪽 자전거의 다운 튜브는 두 개인데, 오른쪽 자전거는 한 개예요. 왜일까요?

 **의문 2** 핸들 축은 왜 기울어져 있을까?

핸들과 바퀴를 연결하는 축은 전부 지면에 대해서 기울어져 있어요. 기울어진 각도는 모두 같을까요? 이 기울기에 뭔가 비밀이 숨겨져 있을까요?

관점 5 늘어놓아보기

> 진짜네! 다 조금씩 휘어져 있어!

의문 3 핸들 축 끝부분이 휘어져 있네?

핸들 축이 앞바퀴와 연결되는 부분이 전부 앞쪽으로 약간 휘어져 있어요. 왜 조금 휘어져 있을까요?
이 부분이 직선이면 어떻게 될까요?

 의문 2가 궁금해 — 핸들 축은 왜 기울어져 있을까요?

35

 ## 관찰 2 | 핸들 축이 기울어진 이유를 알아볼까요?

앞 페이지의 의문 ❷를 자세히 알아보아요.
더 다양한 모양의 자전거를 모아서 비교해보고, 실제로 타보며 실험해볼까요?

스텝 1 | 다른 모양의 자전거는 어떨까요?

더 많은 자전거를 모아보아요.
핸들 축은 역시 기울어져 있을까요?

아동용 자전거도 포함하여 다양한 모양의 자전거 9대를 모았어요.

바구니가 있는 것과 없는 것은 차이가 있을까?

선을 그어서 기울기를 확인해 보아요.

의문!
축은 모두 기울어져 있어요!

새로운 자전거도 핸들 축은 전부 기울어져 있었습니다.
아무래도 기울어져 있는 것은 모든 자전거에 공통된 특징인 것 같아요. 왜일까요?

 **실제로 타서 비교해볼까요?**

핸들 축의 기울기가 65°인 자전거와 80°인 자전거를 탔을 때 어떤지 조사해 보아요.

축의 기울기가 65°인 자전거와 80°인 자전거를 준비했어요.

두 가지 자전거를 타 보아요.

각도가 조금 다를 뿐인데 타는 느낌이 전혀 다르네!

스텝 3 흔들림을 비교해볼까요?

똑바른 선 위를 달려서 흔들리는 정도를 측정해 보아요.

80°인 것이 선에서 많이 벗어났습니다.

 **기울기가 80°인 자전거가 더 흔들거려요.**

핸들 축의 기울기가 직각에 가까운 80°인 자전거는 흔들거려서 타기 어렵고, 기울기가 65°인 자전거는 편하게 탈 수 있었습니다. 왜일까요?

 **기울기가 80°인 자전거는 왜 똑바로 달리기 어려울까요?**

핸들 축의 기울기가 직각에 가까운 80°인 자전거는 똑바로 달리기가 힘들었어요. 각도가 약간 다를 뿐인데 왜 차이가 생길까요?

새로운 의문 & 아직 풀리지 않은 의문

나열해보며 찾아낸 의문을 풀어가다 보면, 또다시 새로운 의문을 발견하게 됩니다.
분명 여러 가지 의문이 있을 거예요. 한 번 찾아볼까요?

- 축 기울기가 80°일 때 왜 운전하기 힘들까요? 기울기가 50°이면 어떨까요?
- 핸들 축 끝이 약간 휘어 있는 것은 왜일까요?

다른 다양한 것을 늘어놓아보아요. 나나페이지에서 더 알아보세요!

관점 6 말로 표현해보기

달걀을 말로 표현해볼까요?

- 길쭉한 둥근 모양. 한쪽이 약간 뾰족하다.
- 전체가 하얗다
- 자세히 들여다보면 표면에 거칠거칠한 느낌이…
- 말로 설명하기가 의외로 어렵네!

※ 달걀

의문! 달걀은 왜 한쪽만 뾰족할까요? 왜 완전히 동그랗지 않을까요?

의문! 색이 다른 달걀도 있을까요?

의문! 달걀 표면은 왜 거칠거칠할까요?

다른 것도 말로 표현해보면 뭔가 '의문'을 찾을 수 있을까요?

관찰 1 : 브로콜리를 보고 말로 표현해보아요

누구나 알고 있는 친숙한 채소, 브로콜리.
한 번도 브로콜리를 본 적이 없는 사람한테 설명하듯이 말로 표현해볼까요?

- 연두색의 두꺼운 줄기가 있는 작은 나무 같아.
- 알갱이처럼 보이는 녹색 부분이 있고 만져보면 울퉁불퉁해.
- 수많은 알갱이가 서로 꽉 붙어 있어.
- 보통 먹을 때는 좀 더 작은 느낌이야. 그것은 어느 부분이지?

브로콜리를 말로 표현해볼까요?

전체 모습 뿐 아니라, 작은 부분도 살펴보아요.
말로 표현해보면 어떤 의문을 발견할 수 있을까요?

의문 1 굵은 줄기에 잎이 붙어있네?

나무줄기처럼 보이는 곳에서 가지가 나뉘어 있습니다. 자세히 보면 잎 같은 것도 붙어 있어요.

의문 2 송이 같은 덩어리는 무엇일까?

알갱이 같은 것이 잔뜩 붙어 있는 덩어리가 여러 개 있습니다. 덩어리 크기는 다양하고, 표면은 울퉁불퉁합니다. 이것은 무엇일까요?

브로콜리는 어떻게 자라지?

의문 3 혹시 나무의 한 종류일까?

브로콜리를 약간 멀리서 바라보면, 나무처럼 보이기도 합니다. 혹시 브로콜리는 나무일까요? 더 자라면 키가 많이 클까요?

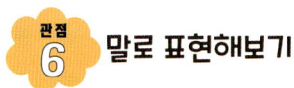

의문 4 콜리플라워와 비슷한 종류일까?

브로콜리와 비슷한 채소로 콜리플라워가 있습니다. 나란히 두고 관찰해 보면 나무 같은 모양과 표면의 울퉁불퉁한 부분이 정말 비슷해요. 둘은 같은 종류일까요? 색은 왜 다를까요?

가지가 갈라져 있는 것도 비슷해요.

의문 5 작은 알갱이는 도대체 뭘까?

거칠거칠한 부분을 자세히 보면, 알갱이가 빽빽이 많이 있습니다. 이것은 도대체 무엇일까요? 알갱이의 색과 모양은 전부 같을까요?

두 개의 무게는 비슷할까?

의문 5가 궁금해 표면의 작은 알갱이는 도대체 무엇일까요?

관찰 2 — 브로콜리 알갱이의 비밀을 알아볼까요?

앞 페이지의 의문 5를 자세히 알아보아요. 작은 알갱이의 정체는 무엇일까요?
브로콜리를 크게 확대해 보고, 시간이 지난 후에 다시 관찰해보아요.

스텝 1  알갱이를 자세히 살펴볼까요?

돋보기를 사용해 살펴보아요. 알갱이를 하나씩 살펴보면 무엇인가 찾을 수 있을지도 몰라요.

옆에서 보면 세로로 긴 꽃봉오리 같아요.

위에서 봤더니, 알갱이 하나가 벌어지기 시작하는 것을 발견했어요!

의문! 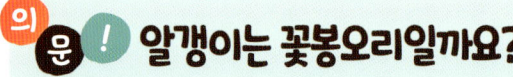 알갱이는 꽃봉오리일까요?

알갱이를 크게 확대해 보니, 약간 벌어지기 시작하는 것이 있어요. 이것은 브로콜리의 꽃봉오리일까요?

스텝 2  알갱이를 벌려볼까요?

알갱이를 하나 떼어내서 자세히 살펴보아요. 속은 어떻게 생겼을까요?

알갱이 하나의 모양.

속을 벌려서 보면 꽃눈 같은 것이 들어있어요.

의문!  알갱이 속은 꽃눈일까요?

알갱이를 벌려 보니 꽃눈같이 보이는 것이 여러 개 들어있어요. 감싸고 있는 부분보다 색이 연해요. 이것은 무엇일까요?

관점 6 말로 표현해보기

스텝 3 · 수확하지 않고 키워볼까요?

오른쪽 사진은 밭에 심은 수확하기 전의 브로콜리입니다. 자라는 모습을 관찰하면 알갱이의 정체를 알 수 있을지도 몰라요.

브로콜리는 이렇게 자라는구나.

줄기 주변에 커다란 잎이 있어요.

의문! 알갱이가 자라서 모양이 변했어요!

알갱이가 위로 길게 자라서 울퉁불퉁한 부분의 모양이 변했어요. 끝쪽에 넓고 부푼 부분은 뭘까요?

2주 후, 알갱이가 커졌어요.

의문! 알갱이는 꽃봉오리일까요?

1개월 후, 알갱이가 열리고 노란색 꽃이 피었어요. 알갱이 정체는 브로콜리의 꽃봉오리일까요? 콜리플라워도 비슷하게 꽃이 필까요?

1개월 후, 알갱이가 열려서 꽃이 피었어요.

새로운 의문 & 아직 풀리지 않은 의문

말로 표현해 보며 찾아낸 의문을 불어나가 보면, 또다시 새로운 의문을 발견하게 됩니다.
분명 여러 가지 의문이 있을 거예요. 한 번 찾아볼까요?

● 콜리플라워는 브로콜리와 색깔만 다른 것일까요? 색이 다른 이유는 무엇일까요?

● 브로콜리 꽃이 지고 나면 씨앗이 생길까요? 씨앗은 어떻게 생겼을까요?

다른 다양한 것을 말로 표현해보아요. 45페이지에서 더 알아보세요!

관점 4 5 6 에 대해 더 알아보아요

26페이지부터 알아본 세 가지 '과학의 관점'으로 보면 재미있을 것들을 소개합니다.
속을 살펴보고, 늘어놓아보고, 말로 표현해보면 어떤 '의문'을 발견하게 될까요?

늘어놓아보기
32~37 페이지

❃ 잎
크기, 색, 모양…
다양한 잎을 나란히 늘어놓아보세요.

❃ 조개껍질
다양한 색과 형태의 조개껍질이 있어요.
닮아 보이지만 늘어놓아보면 어떤가요?

❃ 모자
가족 모자, 친구들 모자, 다양한
모자를 나란히 늘어놓아볼까요?

❃ 동전
10원, 50원, 100원, 500원 동전을
나란히 늘어놓아볼까요?
뭔가 이상한 것을 발견하게 될지도 몰라요.

❃ 연필
좋아하는 연필을 다양한 방법으로
나열해보세요.
어떤 것을 알 수 있을까요?

다른 학용품으로 해보는 것도 재밌을 것 같아!

속 살펴보기

26~31 페이지

🌸 꽃봉오리
꽃잎은 어떻게 들어 있을까요?

🌸 양파
양파의 껍질을 벗기면 속은 어떨까요?

🌸 다양한 콩꼬투리
콩은 꼬투리 속에 어떻게 들어가 있을까요?
들어가 있는 모양은 비슷할까요?

대두　완두콩　강낭콩

🌸 그랜드 피아노
뚜껑을 열어서 속을 살펴보세요.
건반을 눌러볼까요?

말로 표현해보기

38~43 페이지

🌸 하늘 상태
하늘에 떠 있는 구름 모양을 말로 표현해보세요.

🌸 소리
눈을 감고 귀 기울여보세요.
어떤 소리가 들릴까요?
다양한 소리를 말로 표현해보아요.
- 물소리　• 악기 소리
- 동물과 벌레 우는 소리

🌸 맛
한 번도 먹어본 적이 없는 사람에게 설명하듯이,
맛을 말로 표현해보세요.

🌸 냄새
다양한 물건의 냄새를 말로 표현해보세요.
꽃향기, 세탁물 냄새, 음식 냄새…
같은 냄새도 사람에 따라 표현이 다를 수 있어요.

다른 사람이 말로 표현해도 나랑 똑같이 표현할까?

45

과학탐구

주제를 고를 때 생각할 점

이 책에서는 지금까지 '과학의 관점'을 통해서 '의문'을 찾는 방법을 여러 가지 예와 함께 알아보았습니다. 여기에서는 그렇게 발견한 많은 의문 중에서 실제로 '과학 탐구'의 주제를 고를 때 생각할 점을 소개합니다.

포인트 1. 스스로 알고 싶은 것

내가 하고 싶은 것이 아니면 재미없을 거야.

다른 사람이 "이것을 조사해 보세요."라고 해서 찾아보거나, 서점에 있는 과학 탐구에 관한 책을 보고 그냥 따라하기만 해서는 그리 즐겁지 않겠지요?

이 책의 첫 페이지에도 소개한 것과 같이 스스로 '왜 그럴까?'라고 생각해서 발견한 의문에 대해서 조사하거나 생각하는 편이 훨씬 의욕이 생길 것 같지 않은가요? 자신이 발견한 의문에 대해 조사하면 정말 재미있을 거예요! 먼저, 자유롭게 의문을 찾아보세요.

포인트 2 — 아직 아무도 해본 적 없는 것

1965년에 노벨 물리학상을 받은 물리학자 리처드 파인만은 '과학의 방법'에 대한 책에서 "무엇인가를 시작할 때는 미리 답을 알고 있으면 안 된다."라고 했습니다.

아무리 대단해 보이는 주제라도 이미 확실하게 알려진 것, 즉 모두가 답을 알고 있는 것을 새롭게 조사할 필요는 없습니다. 연구는 '정말일까?', '실제로는 어떨까?'라는 의문이 생기고 나서야 시작할 수 있는 것입니다.

사소한 의문이라도 스스로 발견한 자신만의 의문에 도전하는 것이 가치도 있고, 알아가는 즐거움도 있지 않을까요? 어쩌면 그것은 세상에서 아직 아무도 알지 못하는 것일지도 몰라요! 친숙한 것이나 알고 있다고 생각하는 것, 당연하다고 생각하는 것 중에서도 의외로 아직 잘 알지 못하는 것이 많이 있습니다.

내가 세상에서 처음으로 발견한 사람이 될 가능성도 있는 거네!

포인트 3 — 스스로 할 수 있는 것

스스로 알고 싶다고 생각한 자신만의 의문이라도, 스스로 알아볼 수 있는 것인지 생각해 보세요. 예를 들면 '우주는 처음에 어떻게 생겼을까?' 같은 것을 알아보기는 너무 어렵습니다. 물론, 장래에 어른이 될 때까지 그런 의문을 계속 가지고 있는 것은 정말 멋진 일입니다.

하지만, 처음에는 자기 스스로 할 수 있는 것부터 시작하세요. 연구를 계속하다 보면 언젠가는 그런 큰 비밀도 스스로 풀 수 있을지도 모릅니다!

연구란 공부와는 조금 다른 것 같아!

참고
- 『여름 방학 자유 연구』란 본래 『무엇』일까? 테마를 고를 때 생각해 두면 좋은 세 가지 포인트 (NAKAHARA-LAB.net 릿쿄대학교 경제학부 나카하라준 연구실 블로그, 2015) http://www.nakahara-lab.net/blog/2015/07/post_2450.html 마지막 열람 2019/7/1
- 『발견하는 즐거움』 리처드 파인만, 승산, 2001

『과학의 관점 2 예상하기』의 46~47페이지에서는 이렇게 결정한 주제를 어떻게 알아가면 좋은지 그 방법을 소개합니다.

편집 NHK「과학의 관점」제작진

프로그램 위원
Kei Kano / 시가대학 교육학부 이과교육강좌 준교수
Hiroshi Kawasumi / 후쿠이현 교육종합연구소 특별연구원
Takayuki Shiose / 교토대학 종합박물관 준교수
Tetsuya Narukawa / 문부과학성 초등중등교육국 교과조사관
Eri Mizumachi / 오사카대학 CO디자인센터 특임조교

디렉터
Tomoto Hirooka, Keiro Sato, Makoto Igarashi,
Kiyoshi Maeda, Masahiro Totake,
Atsushi Kobayashi, Satoshi Fujitsuka,
Michiru Miyamura, Akito Ishida, Hidemi Yamashita

아트드렉션·음악
Shingo Ohno

타이틀 영상
Genki Ito

프로듀서
Kensuke Shiga

제작 총괄
Shunichiro Wakai, Shigehisa Oko,
Kazuteru Hayashi, Shinichi Taketuchi

그림 요시타케 신스케

1973년 가나가와현 출생. 그림책 작가, 일러스트레이터. 츠쿠바대학 대학원 예술연구과 종합 조형 코스를 수료. MOE 그림 책방 대상 제1위, 볼로냐 라가치상 특별상, 제 51회 신풍상 등 다수. 저서로는 『이게 정말 사과일까』, 『벗지 말걸 그랬어』, 『있으려나 서점』, 『아빠가 되었습니다만,』 등.

- 협력　NHK 에듀케이셔널
- 사진 제공　츠쿠바대학 수리물질계 테라타연구실
- 사진　Shutterstock.com
- 커버·본문 디자인　Hideaki Yamaguchi(Studio Flavor)
- 원고 집필　Noriyuki Irisawa
- 편집 협력　주식회사 3Season(Kyoko Fujimon)

분석적 사고력·창의력·논리력을 개발하는 과학 영재 프로젝트

과학의 관점 1 관찰하기

1판 1쇄 발행일　2021년 9월 15일
1판 4쇄 발행일　2023년 9월 30일

편집　NHK「과학의 관점」제작진
그림　요시타케 신스케
옮긴이　권호정
펴낸이　김현준
펴낸곳　도서출판 유나

경기도 용인시 수지구 신봉2로 30, 미래빌딩 2층 205호
전화 0505-922-1234　　팩스 0505-933-1234
kim@yunabooks.com　　www.facebook.com/yunabooks
www.yunabooks.com　　www.instagram.com/yunabooks

ISBN 979-11-88364-26-8 (77400)
ISBN 979-11-88364-25-1 (세트)

NHK KAGAKU NO MIKATA 1 KANSATSU SHITE MIYO
Copyright © 2019 NHK, Yoshitake Shinsuke
Korean translation rights arranged with NHK PUBLISHING, INC.
through Japan UNI Agency, Inc., Tokyo and D&P Co., Ltd., Gyeonggi-do.

이 책은 (주)디앤피코퍼레이션(D&P Co., Ltd.)을 통한 저작권자와의 독점계약으로 도서출판 유나에서 출간되었습니다. 저작권법에 의해 한국 내에서 보호를 받는 저작물이므로 무단전재와 복제를 금합니다.

* 잘못된 책은 구입처에서 바꾸어 드립니다.　　* 책값은 뒤표지에 있습니다.